Katja Christner

Die Boheme am Prenzlauer Berg

Dichterschicksale nach 1989 am Beispiel Sascha Anderson

GRIN Verlag

Bibliografische Information der Deutschen Nationalbibliothek:

Die Deutsche Bibliothek verzeichnet diese Publikation in der Deutschen National-
bibliografie; detaillierte bibliografische Daten sind im Internet über http://dnb.d-
nb.de/ abrufbar.

Impressum:

Copyright © 2009 GRIN Verlag, Open Publishing GmbH
Druck und Bindung: Books on Demand GmbH, Norderstedt Germany
ISBN: 978-3-640-77669-6

Dieses Buch bei GRIN:

http://www.grin.com/de/e-book/163354/die-boheme-am-prenzlauer-berg

Universität Potsdam
Institut für Germanistik
Sommersemester 2009
1989 und die Folgen –
Die deutsche Dichtungslandschaft nach 1989
Leistungspunkte: 3

Die Boheme am Prenzlauer Berg

Dichterschicksale nach 1989

am Beispiel Sascha Anderson

Hochschulsemester: 2
Fachsemester: 2

Abgabedatum: 15.09.2009

Gliederung

1. Einleitung

1989 – eines der bedeutungsvollsten und bewegendsten Jahre in der Geschichte der Bundesrepublik. Mit dem Jahr 1989 verbinden viele Menschen den Fall der Mauer am 9. November. Jeder Bürger der damaligen DDR hat seine persönlichen Erinnerungen daran, was sich nach dem Untergang des SED-Regimes politisch und in seinem eigenen Leben veränderte. Jeder kann eine individuelle Geschichte erzählen, wie sein Leben dadurch beeinflusst wurde. Ebenso Sascha Anderson.

Sascha Anderson ist seit der deutschen Vereinigung Gegenstand hunderter Zeitungsartikel und Magazinbeiträge im Fernsehen. Er erzählt ein Künstlerleben, zu „dessen Teilhaber seit Mitte der siebziger Jahre wie eine zweite Haut die Staatssicherheit wurde.“[1] Der einstige Organisator der Szene am Prenzlauer Berg war ein Verräter. Allein deswegen ist sein Name um ein Vielfaches bekannter als seine Bücher.

In meiner wissenschaftlichen Arbeit möchte ich Sascha Andersons Leben unter bestimmten Aspekten näher beleuchten. Zum einen schildere ich seinen Werdegang vor 1989 – seine berufliche Laufbahn und die Anfänge der Boheme des Prenzlauer Bergs. Zum anderen wende ich mich seinem Leben nach der Wiedervereinigung zu. Was hat sich für ihn verändert und inwiefern hat er den „Untergang“ der Szene am Prenzlauer Berg verschuldet? Um dieser Frage auf den Grund zu gehen, werde ich mich genauer seiner Vergangenheit bei der Staatssicherheit widmen. Des Weiteren lege ich sein Verhältnis zu seinen Freunden und Kollegen im Prenzlauer Berg dar und gebe seinen beruflichen Werdegang bis in die Gegenwart wieder.

---

[1] Anderson: Sascha Anderson, Klappentext

2. Sascha Andersons Leben bis 1989

Alexander „Sascha" Anderson wurde 1953 in Weimar geboren. Nach einer Lehre als Schriftsetzer in Dresden nahm er 1974 ein Volontariat bei der DEFA in Potsdam - Babelsberg an. Von 1976 bis 1978 war Anderson als Autor an der Hochschule für Film und Fernsehen Potsdam tätig.

Ab 1981 trat er als Lyriker hervor, dessen Werke – unter Beobachtung der Staatssicherheit der DDR – in Westdeutschland erschienen. Andersons Lyrikband „jeder satellit hat einen killersatelliten" (1982) wurde im Westen ein großer Erfolg. In dieser Sammlung spiegelt sich die distanzierte Haltung des Verfassers zur DDR wider. Charakteristisch für diesen Band sind das Spiel mit Ernst und Ironie sowie die Verwendung von Metaphern und Paradoxien. Ein stilistischer Kontrast dazu bildet der Band „totenreklame. eine reise" (1983). Darin beschreibt er eine Rundfahrt durch die DDR, wobei sich Reisebilder mit Zitaten, touristischen Beschreibungen und Reflektionen mischen.

3. Die Boheme des Prenzlauer Bergs
3.1 Der Anfang eines Mythos

Sie waren die hoffnungsvollste Künstlergruppe, die es in Deutschland gab. Vor zwanzig Jahren, als die Mauer fiel, lebten einige davon längst im Westen, doch sie gehörten zu ihren Freunden im Osten, die noch in jenem Viertel Berlins wohnten, welcher auch der Künstlerverbindung ihren Namen gab – die „Boheme vom Prenzlauer Berg".

Der Prenzlauer Berg war bereits zu DDR-Zeiten mehr als nur ein Wohnort. Der Stadtteil, der von grauen und sanierungsbedürftigen Wohnungen dominiert war, wurde zu einem Mythos. „In den achtziger Jahren war der Prenzlauer Berg mit einer alternativen, den offiziellen Organen des sozialistischen Staats entgegengesetzten Kultur synonym."[1] Er lieferte den Beweis dafür, dass eine autonome staatsferne Kultur, eine urbane Subkultur und eine alternative Gegen-Kultur gedeihen konnten. Besucher aus dem Westen und aus dem Ausland waren bei der Ankunft in Ost-Berlin erstaunt zu hören, dass es im Prenzlauer Berg eine

---

[1] Lewis: Die Kunst des Verrats, S. 17

3

„unabhängige Kulturszene gab, eine avantgardistische Künstlerszene, eine Punkmusikszene, einen politischen Underground, eine Hausbesetzerszene und die Ansätze einer autonomen Friedensbewegung, wie es sie im Westen gab."[1]

Uwe Kolbe, der maßgeblich an der „Zeugung" des Prenzlauer Bergs beteiligt war, berichtete, dass es damals „eine Hausnummer Prenzlauer Berg [gegeben hat,] die sich durchaus bunt mischt, die aber zugleich noch einer älteren Form des Gesellschaftsspiels DDR zuneigte".[2] Zu den Angehörigen der Szene zählt er die Opponenten, Bürgerrechtler, Künstlerinnen und Künstler sowie Autoren.

Der Beginn der Kulturformation im Prenzlauer Bergs begann mit der Ausbürgerung von Wolf Biermann im November 1976. Die Misere in der Kulturpolitik hatte die jüngeren Autoren zusammen mit ihren Mentoren der älteren Generation allmählich in den Untergrund verschlagen. In den folgenden Jahren traten immer mehr etablierte Autoren aus dem Schriftstellerverband aus oder wurden ausgeschlossen. Als die Auswanderung in die Bundesrepublik anfing, wurde die Situation für den literarischen Nachwuchs zunehmend aussichtsloser.

Einige wurden aus Hochschulen zwangsexmatrikuliert, andere hatten plötzlich keine beruflichen Aussichten mehr. Systematisch ausgeschlossen aus allen staatlichen Strukturen und gewünschten Laufbahnen suchten sie nach alternativen und billigen Wohnmöglichkeiten in den Hinterhöfen in Friedrichshain und Prenzlauer Berg.

Zur Zeit der Biermann-Affäre riskierten bereits einige Gruppen, sich am Rande der Illegalität zu versammeln. Auch Bettina Wegner und Klaus Schlesinger boten eine gefährliche Mischung aus Musik und Literatur. Die ersten Lesungen in Privatwohnungen fanden Ende der siebziger Jahre bei Frank-Wolf Matthies in Berlin statt, wo sich auch die ältere Generation vermischte. Laut Papenfuß lernten sich Anderson, Uwe Kolbe, Stefan Döring, Lutz Rathenow, Knut Wollenberger und er sich Ende der siebziger Jahre in den demonstrativ alternativ eingerichteten „Bödickerklub" am Ostkreuz kennen.

Die Studenten, Künstler, Aussteiger und Abenteurer trafen sich gern in Cafés und Kneipen, die dadurch zum regelmäßigen Treffpunkt gediehen und am Ende gar zum Kult wurden. Aus den losen Bekanntschaften entfaltete sich das, was man als

---

[1] Lewis: Die Kunst des Verrats, S. 17
[2] Lewis: Die Kunst des Verrats, S. 20

Szene bezeichnete. Sie widmete sich der Lyrik, der bildenden Kunst und Rockmusik. Am Prenzlauer Berg blühte eine zum „offiziellen DDR-Kunstbetrieb radikal alternative Ästhetik."[1]

Der Prenzlauer Berg der achtzigerer Jahre war ein aus Zufall und Wohnungsnot entstandene Erscheinung, wo Sex, schöne Künste ebenso wie Alkohol und Politik an der Tagesordnung standen. Vor allem aber handelt es vom Leben: alltägliches, häufig armseliges Leben, mit Tapferkeit getragen, mit Stumpfsinn oder mit Verzweiflung - eine einzige Anklage wider das elende Dasein in der DDR.

Es entwickelte sich ein blühender Kunstbetrieb rund um den Kollwitzplatz. Es gab Zusammenkünfte, private Ausstellungen, Konzerte und Lesungen.

Sascha Anderson war der Organisator und Koordinationspunkt der Szene des Prenzlauer Bergs. Aufgrund dessen behaupten Literaturwissenschaftler, dass ohne ihn diese Szene als ästhetisches Konstrukt nicht oder nur eingeschränkt existiert hätte. Da er einige Freunde besonders promotete, mit ihnen dichtete, organisierte und sang, errang er sich den Ruf, „eine Art Multitalent und Szeneguru zu sein."[2]

3.2 Das Ende der Boheme vom Prenzlauer Berg

Wer heutzutage noch die Protagonisten der einstigen Prenzlauer-Berg-Boheme treffen und heraus finden will, was damals war und warum es auseinander fiel, der bekommt immer von diesen einen Tag zu hören: ein Tag im Oktober 1991 – der Anfang vom Ende.

3.2.1 Andersons Spitzelskandal

„So unterschiedlich, wie die Gründe sind, daß ich zur Staatssicherheit kam und blieb, so differenziert wird wohl auch der Weg aus dem Trichter heraus sein."[3]

David Menzer, Fritz Müller und Peters – das waren Andersons Decknamen als Mitarbeiter des Ministeriums für Staatssicherheit. Fünfzehn Jahre arbeitete er für die Stasi - zunächst als Inoffizieller Mitarbeiter, ab 1981 als IMB (Inoffizieller

---

[1] http://www.annettgroeschner.de/index.php?id=123482&s=1

[2] http://www.spiegel.de/kultur/literatur/0,1518,185686,00.html

[3] http://www.stern.de/lifestyle/leute/2-was-macht-eigentlich-sascha-anderson-72421.html

Mitarbeiter zur unmittelbaren Bearbeitung von Feindpersonen). Er bespitzelte vor allem seine Kollegen und Künstlerfreunde vom Prenzlauer Berg.

19. Oktober 1991 – die Verleihung des Georg-Büchner-Preises. Wolf Biermann beschuldigte Anderson im Oktober 1991 in seiner Rede zunächst indirekt, wenige Tage später in einem Interview direkt der Stasi-Mitarbeit. Aufgrund dessen wurden Beweise für Andersons Mitarbeit beim Staatssicherheitsdienst nach und nach, speziell durch Jürgen Fuchs, der entlarvende Details in dem Nachrichtenmagazin „Der Spiegel" veröffentlichte, aufgedeckt.

Anderson hoffte, dass die Stasi-Akten nach dem Fall der Mauer und dem Untergang des SED-Regimes vernichtet wurden und so seine zweite Identität nicht ans Licht kommen konnte. Doch aufgrund fahrlässiger Vernichtungsmethoden der Akten, konnten diese wieder rekonstruiert und er enttarnt werden.

Seit 1975 war Anderson Mitarbeiter der Staatssicherheit. Im August 1986 siedelte er in die Bundesrepublik aus. Der Lyriker erklärte auf vier handschriftlich geschriebenen Seiten, warum er die Ausreise beantragt habe. Es ging ihm nicht darum, seine Zusammenarbeit mit dem MfS abzubrechen, sondern kontinuierlich weiterzuführen. Er teilte mit, welche Musiker Plattenaufnahmen machten, berichtete über Buchprojekte und über inoffizielle Zeitschriften, an denen auch er beteiligt war. Er registrierte, welche Autoren zur Leipziger Buchmesse Kontakt mit westdeutschen Verlagen aufnahmen.

„durch meine übersiedlung ergeben sich neue wichtige bereiche, in denen meine über zehnjährige inoffizielle zusammenarbeit mit dem mfs intensiviert werden kann." [1] IMB Fritz Müller, 1. 7. 1986

Verfolgen lässt sich dabei das Wachsen einer engen Beziehung zwischen einem IM und der Behörde. Was besonders unangenehm aufstößt, sind die große Bereitschaft des IM zur Mitarbeit, die mehrfach formulierte Zufriedenheit der MfS-Leute mit dieser Quelle und die zahlreichen Vorschläge des IMs, weitere Themen zu erschließen. Nur sehr selten äußert der IM Zweifel an seinen

---

[1] http://www.berlinonline.de/berliner-zeitung/archiv/.bin/dump.fcgi/2000/0104/none/0001/index.html

Maßnahmen, erklärt seine Position als „anarchistisch". Sein „Interesse am Weltfrieden sei es, das ihn zur Mitarbeit bewege."[1]

3.2.2 Das endgültige Aus

Der ehemalige Organisator der Szene am Prenzlauer Berg war ein Verräter. Viele seiner Freunde hatten sich hintergangen gefühlt, insbesondere seine beste Freundin Cornelia Schleime, die er Jahre lang ausspionierte. Die Akten über die Künstler am Prenzlauer Berg geben Auskunft, wer welche nicht genehmigte Lesung besucht hat, welche inoffiziellen Ausstellungen organisiert wurden, welche Meinung Künstler, Schriftsteller, Musiker, Pfarrer und Journalisten vertraten.

Hat er die ganze Szene diskreditiert? Viele sahen ihn als Organisator der Szene entlarvt, „der sie in eine unpolitische Richtung steuerte und dafür sorgte, dass Versuche des Zusammenschlusses stets in endlosen Diskussionen über deren Sinn und Zweck versandeten."[2]

Die Mitarbeit in dem Ministerium für Staatssicherheit war bei Anderson und anderen Autoren bewiesen. Keiner der Künstler am Prenzlauer Berg konnte mehr den Freunden oder Kollegen trauen, da sie sich durch die engsten Bekannten verraten gefühlt haben. Die Zusammengehörigkeit und das Vertrauen waren zerbrochen. Hinzu kam, dass nach dem Fall der Mauer der gemeinsame Feind, die SED- Staatsgewalt, nicht mehr da war und die Künstler von nun fortan allein kämpfen mussten.

Heute meint Anderson, dass es an den Kunstformen läge, dass viel versprechende Künstlerkollegen von damals keine Rolle im Kulturbetrieb mehr spielen. „Gerade mit Lyrik komme man auf dem Markt nicht mehr durch."[3]

---

[1] Ebd.
[2] http://www.berlinonline.de/berliner-zeitung/archiv/.bin/dump.fcgi/2000/0104/none/0001/index.html
[3] http://www.spiegel.de/spiegel/print/d-65640714.html

4. Andersons Werdegang nach 1989

„Der in den achtziger Jahren im Westen als Lyriker und Dissident gefeierte Dichter, der Rocktexter und Buchgestalter, erschien nicht mehr als schillernde Figur, sondern als trauriges Symbol für Vertrauensmissbrauch, fehlgeleiteten Ehrgeiz und Korrumpierbarkeit."[1]

4.1 Sein Verhältnis zu Kollegen vom Prenzlauer Berg

Nach mehreren gescheiterten Rechtfertigungsversuchen zu Beginn der neunziger Jahre zog sich Anderson nahezu völlig aus der Öffentlichkeit zurück, anstatt ein glaubwürdiges, öffentliches Geständnis oder wahrheitsgetreue Beichte abzulegen. Dem Druck von einstigen Freunden in der Szene, öffentliche Rechenschaft abzulegen, hielt er über Jahre stand.

Anderson sollte die Szene entpolitisieren, die westdeutschen Medien beeinflussen und schließlich die Kritiker in den eigenen Kreisen an den Rand der Gesellschaft drängen. Das haben ihn seine Kollegen und Freunde, vor allem Cornelia Schleime, bis heute nicht verziehen. Klaus Michael sagt über den Sachverhalt folgendes:

„Der Fall Anderson erzählt von einem fehlgeleiteten Karrierebewusstsein. Und er wird als Lehrstück über Macht und Moral, Verrat und Engagement und über die Verantwortung der Intellektuellen in die Geschichtsbücher eingehen."[2]

4.2 Seine berufliche Laufbahn

Nach dem Zusammenbruch der DDR gründete er mit weiteren ostdeutschen Schriftstellern das Druckhaus „Galrev" in Berlin, welches der Erhaltung der Ostberliner Literaturszene dienen sollte.

Anderson ist der Meinung, dass es falsch gewesen sei, bei Galrev mit zu arbeiten. Er war sich nicht bewusst, dass seine Stasi-Verbindung irgendwann auffliegen würde, sodass alle anderen, die ihre Bücher in dem Verlag publizierten, schlecht dastehen würden.

---

[1] http://www.berlinonline.de/berliner-zeitung/archiv/.bin/dump.fcgi/2000/0104/none/ 0001/ index.html

[2] http://www.nadir.org/nadir/periodika/jungle_world/_2000/11/32a.htm

An seinen Erfolg zu DDR-Zeiten konnte er nicht mehr anknüpfen. Andersons literarische Werke wie „Rosa indica vulgaris" (1994) und „Herbstzerreisen" (1997) wurden kaum mehr rezipiert. Im Jahr 1998 veröffentliche er eine Neuauflage von „jeder satellit hat einen killersatelliten" mit einer Auflage von tausend Exemplaren. Auf die Frage in einem Interview mit STERN am 08.06.2009, ob er davon leben könne, sagte Anderson:

> *„Zum Glück kann man von Lyrik nicht leben. Und so soll es auch bleiben.*
> *Ich arbeite als Herausgeber und Layouter für verschiedene Verlage.*
> *Außerdem schreibe ich wieder Texte für Rockbands. "[1]*

2006 erschienen die Novelle „Totenhaus" und der Gedichtband „Crime Sites", beide Bücher blieben ohne größere Resonanz.

Zurzeit arbeitete Anderson in seinem erlernten Beruf als Typograf für einen großen Verlag. Er entwirft Umschläge für die Bücher berühmter deutscher Schriftsteller, sorgt aber immer dafür, dass nie sein Name genannt wird, sodass er andere vor seinem Image schützt.

Anderson hat 2002 im Kölner DuMont Literatur und Kunst Verlag eine Autobiografie veröffentlicht, die mehr verhüllte als aufdeckte. Der Titel des Buches lautet „Sascha Anderson". Es ist keine Autobiografie im üblichen Sinne und „kein Buch der Rechtfertigung, es erzählt von der falschen Haltung im richtigen Schreiben".[2] Es ist ein wirres Buch über seine Vergangenheit, das nur wenig klärt oder erklärt. Anderson erwähnt seine Stasi-Arbeit nur oberflächlich. Von Reue ist keine Spur, ebenso wenig von großer Poesie, die der Verlag im Vorfeld rühmte und im Klappentext mit den Worten verspricht: "Der poetische Rang von Literatur erweist sich nicht an der Moral".[3]

Anderson lebt heute mit seiner neuen Frau 500 Kilometer entfernt von Berlin – in Frankfurt am Main.

---

[1] http://www.stern.de/lifestyle/leute/was-macht-eigentlich-sascha-anderson-72421.html
[2] Anderson: Sascha Anderson, Klappentext
[3] Ebd.

5. Schlusswort

Zusammenfassend kann ich sagen, dass Anderson vor 1989 ein erfolgreicher Lyriker der DDR war, der ebenso in der Bundesrepublik großes Ansehen genoss. Er war der Organisator und ein bedeutender Protagonist der alternativen Schriftsteller- und Künstlerszene der Boheme am Prenzlauer Berg.

Seine Mitarbeit beim Ministerium für Staatssicherheit stürzte ihn nach der Wende ins Verderben. Da er vor allem die Leute in seinem engen Umfeld bespitzelte, waren diese besonders enttäuscht und von der Behauptung Wolf Biermanns, dessen Aussage Anderson zum Verhängnis werden sollte. Nachdem Beweise dafür an den Tag gebracht wurden, half auch unablässiges Abstreiten mehr. Anderson war als IM enttarnt.

Zum einen war der Sturz des SED-Regimes Auslöser dafür, dass die Szene zerfiel Zum anderen war Anderson maßgeblich an dem Zerfall der Boheme Schuld, da durch seine jahrelange Überwachung keiner dem anderen mehr trauen konnte.

Heutzutage wird sein Name nur noch in Verbindung mit der Staatssicherheit gebracht. Seine Bücher bleiben ohne größere Resonanz. Dies hat er wohl größtenteils selbst verschuldet.

6. Quellenverzeichnis

Anderson, Sascha: Sascha Anderson (DUMONT Literatur und Kunst Verlag) 2002

Berendse: Grenz-Fallstudien, Essay zum Topos am Prenzlauer Berg in der DR-Literatur (Erich Schmidt Verlag) Berlin, 1999

Labroisse, Gerd und Wallace, Ian: German Monitor, DDR-Schriftsteller sprechen in der Zeit (Rodopi BV.) Amsterdam, 1991

Lewis, Alison: Die Kunst des Verrats, Der Prenzlauer Berg und die Staatssicherheit (Verlag Königshausen und Neumann) Würzburg, 2003

Visser, Anthonya: Blumen in Eis: lyrische und literaturkritische Innovationen in der DDR (Rodopi EV.) Amsterdam, 1994

Elektronische Quellen:

http://www.annettgroeschner.de/index.php?id=123482&s=1
http://www.berlinonline.de/berliner-zeitung/archiv/.bin/dump.fcgi/2000/0104/none/0001/ index.html
http://www.nadir.org/nadir/periodika/jungle_world/_2000/11/32a.htm
http://www.spiegel.de/kultur/literatur/0,1518,185686,00.html
http://www.spiegel.de/spiegel/print/d-65640714.html
http://www.stern.de/lifestyle/leute/was-macht-eigentlich-sascha-anderson-72421.html